La poésie ?

À chacun la sienne.

Ma poésie ?

Âme tantôt gaie tantôt douloureuse,

Révélée à l'encre,

Sympathique.

Méandre mélancolique.

Tantôt berge concave, tantôt convexe autant

Quand l'inonde ta mousse et puis roule à flots lents

Tu creuses un lit sauvage livrant ta houle au vent.

Si l'onde se fait douce en coulant sur ce flanc

Alors tu deviens sage comme à contre courant.

Tantôt berge convexe, tantôt concave autant.

Naufragé.

Loin des foules où la houle gronde

Je m'abandonne où ma vie s'effondre.

Loin du rivage je fuis le temps,

Perds les pédales, m'écroule, m'emballe.

Porté par le courant, le vent autant,

Vers le grand large, me fais la malle.

De vagues lames où je m'abîme

Déchirent mes plaisirs, mes peines,

Dans l'eau profonde, dans l'abîme

Et me subliment à perdre haleine.

Les yeux fermés je passe à l'ombre,

L'âme troublée, lessivée, brisée.

Lassé de ce bas-monde, je sombre.

Un goût trop amer,
Mourir **E**t **R**evivre.

S'échouer à terre,
Souffrir et survivre.

Dégoût solitaire
Et puis joie de vivre.

Quelques vers sommaires,
Des mots qui délivrent.

Perdre un être cher,
Dépasser, poursuivre.

Agir de travers,
Retrouver la fibre.

Côtoyer l'enfer,
Puis chérir la mer et boire en son sein
L'onde renouvelée, nouvelle fiancée,
L'aimer, en être ivre, l'aimer à en **VIVRE!**

Joute amoureuse.

Parées de tuniques en dentelles,
Jeanine rouge et Diana bleue
Se tenaient prêtes au grand duel
Et ne se lâchaient pas des yeux.

Les deux nymphes agathoises brillaient de mille feux,
Les éclats du soleil sur leurs formes ailées
Se reflétaient dans l'eau et me brouillaient les yeux.
Immobiles, face à face, éloignées de dix toises
Elles arboraient leurs proues surmontées d'oriflammes
Attendant patiemment le signal du départ.

En avant toute! Au son des fifres et des tambours
Les plis de leurs flancs frétillèrent de volupté,
Exaltation d'ailes de papillons pour un tour,
La joute féminine peut être enfin lancée.

Les flots d'abord paisibles du fleuve canalisé
À présent agités viennent à tourbillonner
Offrant à la vue des spectateurs enjoués
Myriade de paillettes mousseuses, bouquet argenté.
Cris d'allant des marins et doux bruissement des eaux
Cris de liesse des gradins et musique au galop
Les tintaines entraînées par l'élan des rameurs
Approchent l'une de l'autre déployant fière ferveur
Pénétrant dans le vent toutes hanches galbées.

De but en blanc un grand silence plane sur les fées.

À l'ombre des sous-bois je ne suis jamais seul.

La lumière se déploie à faire cligner de l'œil.

Les papillons tournoient et par leur danse ils veulent

M'enlacer de leurs ailes, me guider dans la marche.

La chaleur du soleil excite les grillons.

Leur chant à mes oreilles frémit comme un violon

Dont l'archer vif s'enraye au gré du vent fripon.

Ton souvenir ma belle, à mes pensées s'attache.

Je devine tes hanches dans l'onde d'un ruisseau.

Ton rire bat la cadence musicale des flots

Et tes grands yeux pervenche dessinent des ronds dans l'eau.

La nature me révèle les atouts que tu caches.

Alignés, amarrés, le long des rives du fleuve,

En longue file indienne les bateaux font la moue.

Leurs mâts montent la garde, dressés au garde-à-vous.

Les eaux frétillent à peine, à contre-courant se meuvent

Dessinant en surface de frêles ondulations,

Alternance de tranquilles vagues claires-obscures

Défilant sous l'effet d'une bise le murmure.

De longs filaments tels des cordes de violon

Dans le ciel azuré qui se prête à rêver,

Accompagnent la danse des ondes qui défilent

Comme de jeunes amants célébrant leur idylle

En défiant le temps, juste le temps d'aimer.

Dans l'attente d'une rencontre,

Un moment toujours délicieux,

Le cœur tremble, la pression monte

Et rien n'est plus beau à mes yeux

Que cette douce fièvre qui me grise.

Rien qu'une « goutte », perle de miel

Glissant sur « la mer », ô Marquise,

Comme un présent tombé du ciel.

Au soir guettant la Lune blonde,

En quête de bonheur éprises,

Mes pensées dans les vagues abondent,

Cherchant un amour essentiel,

Un doux rivage, une assise.

Sur sa parure bleue verte elle a des reflets d'argent qui
pétillent quand le soleil la courtise.
Sa nappe platine chante un air enivrant gravé sur le
disque solaire.
La mer me donne à voir et à entendre.
Elle m'enchante.

Sur la plage les enfants jouent, les bébés blonds babillent.
Étendus ou assis sur le sable chaud et fin, leurs parents
se dorent.

Les Goélands criards dans une valse aérienne, rivalisent
de séduction. Ils jouissent de planer en toute liberté, sans
souci de l'agitation humaine.

Un petit bout de femme en robe bleue classique, chapeau
de paille et sandales, défie la marche du temps. Elle
esquisse quelques pas et se risque dans l'eau en
soulevant sa robe tandis qu'à son entour les enfants se
précipitent joyeux contre la mousse des vagues que leurs
corps intrépides font éclater en bouquets d'artifice.
Comme la blancheur virginale d'une Marie Madeleine que
j'imagine, les jambes de la petite femme luisent tel un
mirage qui m'éblouit.

Les terrasses de cafés, qui s'étirent en chapelet le long de
l'allée du front de mer, sont pleines de lendemains qui
chantent. Elles hèlent les passants qui déambulent à pas
lents en quête d'un bonheur de l'effet mer.

Assis sur un banc de l'allée, à contretemps je contemple le
paysage.

Scène balnéaire de la comédie humaine, un dimanche
après-midi.

Aujourd'hui il fait beau, plein ciel d'un bleu azur,

Grand soleil sur la mer qui me berce en dedans.

Dans la barque du temps la chaleur me rassure,

Je tiens ferme la barre, l'avenir en dépend,

Cœur battant à tous vents en quête de l'amour.

Table.

Édition: BoD - Books on Demand, info@bod.fr.
Impression: BoD - Books on Demand, In de Tarpen 42, Norderstedt (Allemagne)
Impression à la demande
ISBN: 978-2-3221-5874-4
Dépôt légal: mars 2023